BEI GRIN MACHT SICH IHR
WISSEN BEZAHLT

- Wir veröffentlichen Ihre Hausarbeit,
  Bachelor- und Masterarbeit

- Ihr eigenes eBook und Buch -
  weltweit in allen wichtigen Shops

- Verdienen Sie an jedem Verkauf

Jetzt bei www.GRIN.com hochladen
und kostenlos publizieren

Einführung einer Wissensmanagement-Software

Alexa Hild

Bibliografische Information der Deutschen Nationalbibliothek:

Die Deutsche Nationalbibliothek verzeichnet diese Publikation in der Deutschen Nationalbibliografie; detaillierte bibliografische Daten sind im Internet über http://dnb.d-nb.de abrufbar.

ISBN: 9783346873958
Dieses Buch ist auch als E-Book erhältlich.

© GRIN Publishing GmbH
Trappentreustraße 1
80339 München

Alle Rechte vorbehalten

Druck und Bindung: Books on Demand GmbH, Norderstedt Germany
Gedruckt auf säurefreiem Papier aus verantwortungsvollen Quellen

Das vorliegende Werk wurde sorgfältig erarbeitet. Dennoch übernehmen Autoren und Verlag für die Richtigkeit von Angaben, Hinweisen, Links und Ratschlägen sowie eventuelle Druckfehler keine Haftung.

Das Buch bei GRIN: https://www.grin.com/document/1357634

Thema:

Softwareeinführung einer Wissensmanagement-Software

Assignment

Alexandra Hild

02. Januar 2023

Inhaltsverzeichnis   Seite

1. Einleitung

1.1 Problembeschreibung

Im Sektor der Industrie gibt es in Deutschland z. B. Maschinenbaufirmen, die sich auf das Entwerfen und Gestalten von Objekten wie Bauteilen, Baugruppen und Maschinen spezialisiert haben.[1] Produkte und auch Dienstleistungen werden an Kunden verkauft. Der Fortbestand des Unternehmens wird durch diese gewinnbringenden Tätigkeiten gesichert.

Die Abteilungen Fertigung und Produktion bei solchen Unternehmen sind meist vorrangig für die primäre Leistungserstellung zuständig. Die unterstützenden Abteilungen wie Verwaltung dienen sekundär.[2] Alle Mitarbeiter des Unternehmens verfügen über Wissen. Dieses Wissen kann sich auf Kunden und Produkte beziehen, Märkte oder Wettbewerber. Auch Fach- und Methodenwissen der Experten, wie das der die Ingenieure, gehört dazu.[3] Wissen gehört zu den immateriellen Vermögensgegenständen eines Unternehmens und hilft unter anderem Wettbewerbsvorteile zu erlangen.[4]

Die Ingenieure sollen ihr technisches Fachwissen in der Maschinenbaufirma in einer Wissensmanagement-Software hinterlegen. Die Einführung dieser Software erfolgt dabei in verschiedenen Schritten. Diese Arbeit diskutiert in Fokus, wie die Einführung der Software dazu in einem fiktiven Szenario ablaufen kann und beleuchtet mögliche notwendige Schritte und auftretende Gefahren. Es werden relevante Zusammenhänge aufgezeigt und Schlussfolgerungen abgeleitet.

1.2 Ziele und Aufbau im Rahmen der Arbeit

Das Ziel dieser Arbeit ist die kritische Auseinandersetzung mit der Einführung von einer Wissensmanagement-Software in einem Unternehmen des Maschinenbaus und deren beteiligte Personen. Zur Erreichung dieses Ziel, wird im Grundlagenteil zunächst der zu unterstützende Prozess und die zu verwaltenden Daten modelliert. Auch wird das Zusammenspielt der Begriffe Daten, Informationen und Wissen bearbeitet. Weiter werden die Funktionen und die Qualitätsanforderungen an die Wissensmanagement-Software

---

[1] Vgl. Hoenow und Meißner 2016, S. 12
[2] Vgl. Bundesverwaltungsamt 2014, S. 8
[3] Vgl. Kohl, Mertins und Seidel 2016, S. 66
[4] Vgl. Kohl, Mertins und Seidel 2016, S. 87

festgelegt. Im Hauptteil werden konkret die fünf Schritte und Gefahren der Softwareeinführung des zuvor skizierten fiktiven Szenario beleuchtet und durch verschiedene Aspekte diskutiert. Abschließend werden Zusammenhänge aufgezeigt und es erfolgt eine Schlussfolgerung, wie wohl vermutlich die drei wichtigsten Erfolgsfaktoren für das Projekt aussehen.

2. Begriffe und Grundlagen

Damit Ingenieure ihr technisches Wissen in einer Wissensmanagement-Software ablegen können, wird im Teil dieser Arbeit zunächst der zu unterstützende Prozess und die zu verwaltenden Daten modelliert. Der sekundäre Prozess des Wissensmanagement unterstützt den Kernprozess der Maschinenbaufirma.

Die Berufsgruppe der Ingenieure benötigt für das Entwickeln von Objekten im Maschinenbau Fähigkeiten im technischen Zeichnen. Es werden einfache Teile gezeichnet bis hin zur Konstruktion von verflochtenen Maschinenbaugruppen oder einzelnen Maschinen.[5] Die Objekte werden in Zeichnungssystemen wie CAD angefertigt.[6] CAD steht für Computer Aided Design und ermöglicht z. B. die Konstruktion von 3D- oder 2D-Objekten.[7]

Die fertigen CAD-Objekte werden in der Wissensmanagement-Software anderen Ingenieuren im Unternehmen zur Verfügung gestellt.[8] Die Wissensmanagement-Software unterstützt den Informationsaustausch und die Mitarbeiter bringen ihre Wissenskompetenz und Fähigkeit mit.[9] Hat der Ingenieur nun im beispielhaften CAD-System sein Objekt gefertigt, erfolgt die Einspeisung in die Wissensmanagement-Software. Es wird abgespeichert, um bei Suchabfragen von anderen Ingenieuren wieder zur Verfügung stehen zu können. Um diesen Prozess zu visualisieren, wurde vom Autor folgend eine sogenannte ereignisgesteuerte Prozesskette (EPK) gezeichnet.

---

[5] Vgl. Hoenow und Meißner 2016, S. 12
[6] Vgl. Hoenow und Meißner 2016, S. 30
[7] Vgl. CN Group CZ a.s. o. J. , Internetquelle
[8] Vgl. Sauter und Scholz 2015, S. 7
[9] Vgl. Sauter und Scholz 2015, S. 5

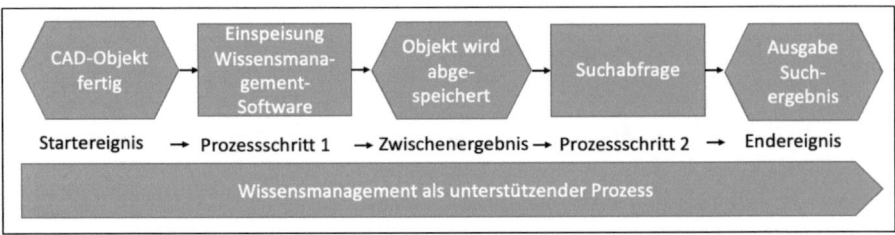

Abbildung 1: EPK Wissensmanagement in einer Maschinenbaufirma[10]

EPK-Modellierungen gibt es in verschiedenen Dimensionen und Ausprägungen. Im ersten Schritt sollte eine visuell leicht verständliche EPKs modelliert werden, um das reale Phänomen aus der Realwelt abzubilden.[11] Der Autor hat sich hier auf Ereignisse (Sechseck) und Prozessschritte (Vierecke) mit grafischer Umsetzung in PowerPoint entschieden.[12]

In dieser Arbeit wird für den zu betrachtenden Unterstützungsprozess Wissensmanagement die Daten von den konstruierten CAD-Objekten eingespeist und abgespeichert.

Um die Abhängigkeit von Wissen, Daten und Informationen grundsätzlich zu erläutern, wird folgendes Zitat zur Verdeutlichung herangezogen: „Wissen bezeichnet die Gesamtheit der Kenntnisse und Fähigkeiten, die Individuen zur Lösung von Problemen einsetzen. (…) Wissen stützt sich auf Daten und Informationen, ist im Gegensatz zu diesen jedoch immer an Personen gebunden."[13] Die Ingenieure bilden ihr Wissen somit auf Daten und Informationen. Aus der Blickrichtung der Wirtschaftsinformatik lässt sich auch vertiefend die Erläuterung für Daten finden: Daten bestehen auch Zeichen. Die Speicherung der Daten kann in Dateien oder Datenbanken erfolgen. Wenn Daten in zusammenhängender Bedeutung gebracht werden, entstehen Information.[14] Der Ingenieur oder auch die Software bringt die Daten in Zusammenhang und lässt Informationen entstehen.

Um die zu verwaltenden Daten in der Wissensmanagement-Software und deren Datenbank besser von der Realwelt in einen konzeptionellen Entwurf für eine

---

[10] In Anlehnung an Kollmann 2020, S. 919 und Schwarz, Neumann und Teich 2018, S. 75
[11] Vgl. Schwarz, Neumann und Teich 2018, S. 67
[12] Vgl. Bundesverwaltungsamt 2014, S. 4
[13] Probst, Raub und Romhardt 2013, S. 23
[14] Vgl. Wohltmann, Lackes und Siepermann 2019, Internetquelle

Datenbankmodel zu bringen, wird weiter ein Entity-Relationship-Modell mit Hilfe von PowerPoint gezeichnet.

Es gibt Objekte (Entitäten) die in Beziehung miteinander stehen. Jedes Objekt hat bestimmte Eigenschaften.[15] In der Ausarbeitung hier wird sich auf das Objekt CAD und Objekt Benutzer/User Ingenieure mit bestimmten Eigenschaften fokussiert, die in einer Beziehung zueinanderstehen.

Objekte werden im Viereck dargestellt. Die Eigenschaften dazu in Kreisen mit Verbindungslinien und die Beziehung zueinander in Rautenform mit Verbindunglinien.[16]

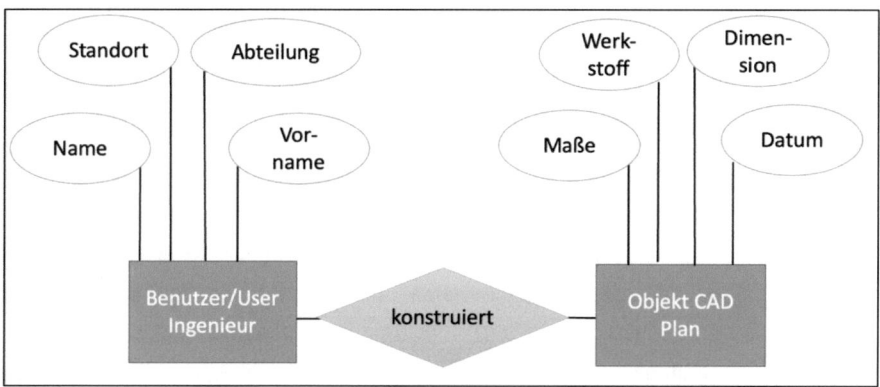

Abbildung 2: ER-Modell mit zwei Objekten und deren Eigenschaften[17]

Bei der gesamten Modellierung des o.g. Prozesse und Datenbeziehungen ist es wichtig zu verstehen, dass alles miteinander zusammenhängt. Eine Anforderungsanalyse an die einzuführende Software ist empfehlenswert und unumgänglich. In der Praxis werden hier als Hilfestellung Interaktionsmodelle verwendet. In einer grafischen Darstellung wird aufgezeichnet, wie der Benutzer mit der Software interagiert. Welche Funktionen z. B. manuell durch den Benutzer in Eingabemasken der Software erfolgen und welche automatisch in der Datenbank vorgenommen werden.[18]

---

[15] Lenz 2016/2017, S. 1)
[16] Lenz 2016/2017, S. 2)
[17] In Anlehnung an Lenz 2016/2017, S. 3)
[18] Vgl. Bayer 2013, S. 263

Die technische Funktion der Sammlung (Datenaggregation) und auch die dazu benötigen technischen Elemente wie z. B. Plattformmodel oder physische Serverstruktur können im Rahmen dieser Arbeit nicht weiter beleuchtet werden.[19]

Es wird in dieser Arbeit festgelegt, dass die Daten eines CAD-Objektes mit den in der Abbildung 2 genannten Eigenschaften in einer Datei abgelegt und eingespeist werden. Damit die fertigen CAD-Objekte auch richtig archiviert und wiederverwendbar genutzt werden können, werden im Weiteren Funktionen und Qualitätsanforderungen der Wissensmanagement-Software vom Autor festgelegt.

Damit der Ingenieur als Benutzer der Software auch die CAD-Objekte einlesen kann, sollte die Software die Funktion haben, CAD-Objekte mit den Dateien und Daten einspeisen zu können. Grundsätzlich kann dies über verschiedene Wege erfolgen. Die Funktion sollte über eine digitale Cloudplattform bereitgestellt werden.

Der Dienstleister der Cloudplattform oder auch Software as a Service (SaaS) stellt die technischen Funktionen zur Verfügung. Der Benutzer soll mit der Software über eine Eingabemaske agieren.[20] Wenn das neue CAD-Objekt eingespeist ist, soll die Software aus der Datei des Objektes die Eigenschaften auslesen und dies in der Datenbank der Software verwerten.[21] Dies könnte z. B. sein, dass die Software automatisch erkennt, welche Eigenschaften das CAD-Objekt hat, welcher Werkstoff, Maße, Dimension, sowie Erstellungsdatum.

Damit nicht jeder Benutzer Änderungen an den bereits eingespeisten CAD-Objekten vornehmen kann, stellt der Autor dieser Arbeit weitere die Anforderungen an die Möglichkeit Berechtigen zu vergeben. Dies soll bei der Anlage von neuen Nutzern direkt berücksichtigt werden. Es sollte auch möglich sein, die CAD-Objekte wieder auffindbar zumachen.[22] Nicht jeder Ingenieur soll die bereits eingespeisten CAD-Objekte bearbeiten und verändern können. Bei der Benutzeranlage sollte es möglich sein, die Eigenschaften der Ingenieure Name, Vorname, Standort und Abteilung zu erfassen.

Die Software muss eine Funktion haben Kommentare zu den CAD-Objekten hinzuzufügen. Die Kommentare werden dann gebündelt und in einem Forum zur Diskussion und

---

[19] Vgl. Baums und Schlössler 2015, S. 16
[20] Bgl. Baums und Schlössler 2015, S. 15
[21] Vgl. Baums und Schlössler 2015, S. 16
[22] Vgl. Kohl, Mertins und Seidel 2016, S. 349

zum Austausch bereitgestellt.[23] Die Software soll das Forum nach Themengebieten sortieren.[24] Wenn ein Ingenieur ein CAD-Objekt einspeist und dieses durch eine neue Version ersetzt, sollte dies kenntlich gemacht werden z. B. mit Version und Datum. Es erfolgt eine Protokollierung und alte Versionen sind weiter verfügbar.[25]

Für die Qualitätsanforderungen an die Software ist es wichtig, dass der User sich schnell zurechtfindet.[26] Die Eingabemaske zur Einspeisung und für das Forum sollte für den Benutzer einfach bedienbar sein. Eine schnelle Erfassung und Bearbeitung müssen ermöglicht werden.[27] In der Literatur wird hier von guter Bedienbarkeit oder Usability gesprochen.[28]

Es gib eine Vielzahl von qualitativen Eigenschaften, die auch in der Qualitätsstufe unterschiedliche Ausprägungen haben können.[29] Der Autor beschränkt sich hier auf weitere für ihn wichtige Aspekte aus der ISO NORM 25010. Die Stufen der Qualität werden nicht genauer beleuchtet. Neben der Usability gibt es in der ISO NORM 25010 also weitere Aspekte. Bei der Wissensmanagement-Software ist für die Autor der Aspekt wichtig, dass die Software auch in ihren o. g. Funktionen auch funktioniert, ohne zu Programmabstürzen zu kommen. Auch wird Wert auf die Performance gelegt. Aufrufe erfolgen in einem angemessenem Zeitverhalten und sind zuverlässig. Weiter ist die Anforderung an die Sicherheit besonders wichtig.[30] Es ist denkbar, dass die Wissensmanagement-Software Daten enthält, die für die Kernprozesses des Unternehmens von existenzieller Bedeutung sind und hier durch erst Wertschöpfung betrieben werden. Daten- und Zugriffschutz muss zwingend gewährleistet sein.

Qualitätsanforderungen an organisatorische oder auch fachliche Aspekte von den Ingenieuren werden hier im Grundlagenteil nicht weiterbearbeitet. Dies würde den Rahmen der Arbeit sprengen. Es wird sich nun auf das fiktive Szenario fokussiert.

---

[23] Vgl. Kohl, Mertins und Seidel 2016, S. 349
[24] Vgl. Fehling, et al. 2013, S. 71
[25] Vgl. Kohl, Mertins und Seidel 2016, S. 142
[26] Vgl. Goldmann und Woll 2022, S. 140)
[27] Vgl. Kohl, Mertins und Seidel 2016, S. 279)
[28] Vgl. Fehling, et al. 2013, S. 14)
[29] Vgl. Lempert 2021, S. 127)
[30] Vgl. Schmitt 2019, S. 14

3.   Diskussion eines Beispieles Einführung Wissensmanagement-Software

3.1   Fiktives Szenario in einer Maschinenbaufirma

Die Maschinenbaufirma hat den Firmensitz in Deutschland mit weiteren Standorten und ist in Abteilungen organisiert wie Verkauf, Einkauf, Konstruktion, Fertigung und Verwaltung. Das Unternehmen hat zwei Kernprozesse: Das konstruieren von ganzen Maschinen oder Teilen im Maschinenbau, sowie das Fertigen dieser Teile. Die Objekte werden in CAD-Programmen konstruiert. Die Daten der CAD-Objekte werden von den Ingenieuren in finalen Dateien abgespeichert. Eine Datei enthält die Eigenschaften zu einem Objekt wie Werkstoff, Maße, Dimension und Datum. Die dann in eine Wissensmanagement-Software eingespeist werden sollen. Für die Einführung der Software wird eine zeitliche begrenzte Projektgruppe von ca. 2 Monaten mit internen und externen Personen gebildet. Die Software soll automatisch die Daten einspeisen und erkennen. Der Ingenieur als User der Software, soll zum CAD-Objekt Kommentare hinterlegen. Die Kommentare werden weiter von der Software in ein Forum nach Themen sortiert aufbereitet. Alle Ingenieure teilen Wissen, um andere unterstützen zu können, die weniger Erfahrung haben. Die Einführung der Software wurde von der Unternehmensleitung auf Dezember und Januar festgelegt. Alles in Abstimmung mit der Verkaufsleitung. Erfahrungsgemäß liegen hier weniger Kundenaufträge vor. Die Software wurde bereits vom externen Dienstleister in einer Cloud bereitgestellt. Der interne Administrator aus der eigenen Verwaltung hat in der Software bereits die User die Ingenieure mit den Eigenschaften Name, Vorname, Standort und Abteilung hinterlegt. Weiter wurde die Software in Abstimmung mit dem Dienstleister mit den o. g. Funktionen und Qualitätsanforderungen (siehe Kapitel 2) eingerichtet.

Das Projekt zur Softwareeinführung ist jetzt so weit fortgeschritten, dass die Phase Projektantrag, Vorstudie, Planung und Realisierungsphase abgeschlossen sind. Die Einführungsphase bei den Ingenieuren/Usern beginnt. [31] Alle Ingenieure wurden vorab informiert und auch mit in die Anforderungsanalyse miteinbezogen. In einer 30 Minuten gestalteten Informationsveranstaltung werden die User nun informiert.[32] Der externe Dienstleister und der interne Administrator stellen die Software und die o. g. vorgenommene Einrichtungen vor. Im Anschluss erfolgt eine Userschulung remote im Rahmen

---

[31] Vgl. Timinger 2017, S. 52
[32] Vgl. Timinger 2017, S. 380

von 2 Stunden. Der genannte Einführungsablauf wurde vorab besprochen und ist allen bekannt gewesen. Auch ein Termin zur ersten Feedbackrunde (QA-Session) wurde vereinbart.[33]

Es wird nun auf Basis des o. g. fiktiven Szenarios diskutiert, wie konkret die fünf Schritte und Gefahren der Softwareeinführung aussehen können, die in Heft "IMG102 IV-Projektmanagement und IV- Controlling" in Kapitel 2.1.1 genannt sind: Ein Projektablauf ist regelmäßig durch fünf Schritte (und Gefahren) gekennzeichnet: Vision (Konfusion), Qualifikation (Irritation), Methodik (Konfrontation), Ressourcen (Frustration) und Anreize (Demotivation).

3.2 Notwendige fünf Schritte und aufretende Gefahren

Für die Umsetzung Wissensmanagement-Software hat die Unternehmensleitung Ressourcen, wie finanzielles Projektbudget bereitgestellt und einen externen Dienstleister als Projektleiter und Trainer geordert. Der externe Dienstleister bewahrt zusammen mit der Inhouse-IT das Projekt vor einem Durcheinander und Chaos und achtet darauf, dass alles in einem vorgegebenen Zeitrahmen ausgeführt wird. Auch ist der Unternehmensleitung ein sozialer Aspekt wichtig und möchte neben sachlichen, zeitlichen Aspekten auch die Beziehung der Ingenieure untereinander fördern. Die Unternehmensleitung war hier vorab mit dem Dienstleister im Austausch und stellte Fragen wie z. B.: Fördert die Software die Kommunikation der Ingenieure?[34] Der Unternehmensleitung fehlte insgesamt der fachliche Austausch der Ingenieure, da diese an unterschiedlichen Standorten sind. Abstimmungen erfolgte oft per E-Mail. Fragen wurden über personenbezogene private Chats geführt. Es fehlte an Transparenz. Hier wurde vorab der unterstützende Prozess des Wissensmanagement visualisiert und mit dem externen Dienstleister besprochen. Diese Aspekte des Wissensmanagements wurden mit einzelnen Ingenieuren besprochen und dadurch sichergestellt, dass die Ingenieurs-Leitung und deren Mitarbeiter die gleiche Ansicht vertreten. Dies gab dem ganzen Projekt eine klare Richtung (Vision) und es wurde einer Konfusion vorgebeugt. Denn Ingenieuren wurde

---

[33] Vgl. Timinger 2017, S. 316
[34] Vgl. Klinkhammer, et al. 2015, S. 150

vorab eine klare Richtung vermittelt. Dies ist für die Orientierung der Mitarbeiter wichtig, um auch den Sinn der Softwareeinführung nachvollziehen zu können.[35]

Um der Gefahr der Irritation der User vorzubeugen, würde gemeinsam mit dem Dienstleister und in Absprache mit der Unternehmensleitung ein Trainingsplan ausgearbeitet. Ein Erfolgsfaktor ist hier für eine erfolgreiche Einführung die Qualifikation der Ingenieure. Nach dem Informationstermin folgte ein zwei Stundentraining. In der ersten Stunde wurden die Grundfunktionalitäten wie persönliche Benutzereinstellungen, Vorstellung der Funktion Einspeisung von CAD-Objekten, Kommentarfunktion und erzeugte Themen im Forum als Basiseinheit geschult. Ziel der Basisschulung war es schnell Erfolge für die User zu erzielen. Die Unternehmensleitung schaffte innerhalb der Organisation Freiräume, die Schulung in Ruhe durchzuführen.[36] Die Ressourcen Zeit und Dienstleistungsbudget für einen externen Trainer standen ausreichend zur Verfügung. Der Termin für die Basisschulung wurde so gewählt, dass es in den täglichen Ablauf passt und die Unternehmensleitung auch anwesend sein konnte. Die Schulung bestand aus zwei Teilen. Im ersten Teil wurden die Basiseinstellungen vorgenommen. Alle Ingenieure hatten ihre Benutzerzugänge und konnten sich erfolgreich einloggen. Dies war nur möglich, weil eine gute Vorbereitung vom externen Dienstleister mit Unterstützung der internen IT geleistet wurde. Die Software war eingerichtet und den Benutzern lagen die Logindaten im zentralen Passwortmanager vor. Im zweiten Teil der Schulung wurde verdeutlicht, wie im Forum kollaborativ an Themen gearbeitet werden kann. Es wurde direkt praktisch in der Software gearbeitet.

Der externe Dienstleister verwies auf die Wichtigkeit, dass es in dieser Phase des Projektes wichtig ist, ein gemeinsames Verständnis auszubauen und im Team einen gemeinsamen Arbeitsablauf zu etablieren. Methodisch wurde hier einer Konfrontation vorgebeugt. Bereits zwei Wochen nach der Basisschulung war ein gemeinsamer Termin zur QA-Session festgelegt, um Fragen zu klären. Die Vorgehensweise eine QA-Session ist dem Autor aus der eigenen Praxis bekannt.

---

[35] Vgl. Klinkhammer, et al. 2015, S. 148
[36] Vgl. Klinkhammer, et al. 2015, S. 221

In der QA-Session wurde der Einsatz der Software gelobt. Auch die Basisschulung hat geholfen. Jedoch wurde kritisch hinterfragt, warum die Versionierung der CAD-Objekte so stark restriktiv eingestellt ist. Die Ingenieure haben festgestellt, dass die Funktion der Versionierung nicht ihrem gewünschten Arbeiten entsprechen. Um noch mehr gemeinsam Wissen aufzubauen und an starren CAD-Objekten zu kollaborieren, wäre es effektiver zuzulassen, dass auch andere Ingenieure die Möglichkeit haben verbesserte Versionen in das System einzuspeisen und aus den Erfahrungen der Optimierung zu berichten. Der externe Dienstleister erklärte, dass hier die Funktion der Software erweitert werden kann. Die Unternehmensleitung stimmte diesem zu.

Der externe Dienstleister zeichnete sich hier besonders gut in seinen Projektleitungsqualitäten aus. Das Verhalten der Ingenieure wurde bestärkt, um so ein Verständnis für die Software zu schaffen. Dem externen Dienstleister gelang es situativ durch die verschieden Trainingsphasen zu führen. [37]

Der externe Dienstleister wurde bereits bei der Planung des Projektes befragt, wie lange die Einführungsphase der Software dauern wird. Es erfolgte eine Aufwandschätzung.[38] Der Aufwand des Projektes wurde dann intern mit den zuständigen Abteilungen für Ressourcen Planung der Personal, Sach- und Finanzmittel besprochen. Alles wurde ausreichend zur Verfügung gestellt, bevor es zur Frustration kommt.

Die Zeit der Einführung der Software wurde so gewählt, in denen keine großen Kundenaufträge vorlagen. Hier würde Wert draufgelegt, dass genügend freie Zeit zur Verfügung stand, um nicht für eine Doppelbelastung und später zu Frustration durch Überbelastung bei den Ingenieuren zu führen.

Die Unternehmensleitung entschied weiter sich in Absprache mit den internen Abteilungen einen zeitlichen Puffer einzubauen, den Ingenieure wirklich genügend Zeit einzuräumen, um die Software zu erlernen. Es sollte nicht zur internen Bestrafung oder negativen Folgen, wie verpasster Kundenauftrag kommen. [39]

Vor Trainingsbeginn wurde von der Unternehmensleitung verkündet eine Prämie in Form eines Workshops als Motivation zu sponsern. Ein Haus am See soll für eine

---

[37] Vgl. Timinger 2017, S. 307
[38] Vgl. Timinger 2017, S. 429
[39] Vgl. Timinger 2017, S. 225

Woche gemietet werden. Ziel dieses Workshops wird es sein, während einer begrenzten Zeit, etwas Konkretes auszuarbeiten: Wie können genormte Standardteile des Maschinenbaus in die Wissensmanagement-Software eingespeist werden und wie kann hier die Software unterstützen?

Die Leitung der Ingenieure war bei der Schaffung des Anreizes beteiligt. Hier ist es sehr wichtig gewesen, dass dieser Anreiz mit den Werten des Unternehmens übereinstimmen und die Führungskraft der Ingenieure das notwendige Feingefühl hatte, die Veränderung durch die Schaffung des Anreizes zu unterstützen und daran mitzuwirken.[40] Die Veränderung des Wissensmanagementprozess und die Einführung der Software sollte gemeinsam im Team bearbeitet und Erfahrungen als Team reflektieren werden.[41] Die Ingenieure konnten so als Team durchgehend motiviert werden. Einer Demotivation wurde durch den Anreiz vorgebeugt.

4.   Zusammenhänge und Schlussfolgerungen

In Maschinenbaufirmen kann die Einführung einer Wissensmanagement-Software gelingen, wenn während der Projekteinführung kritische Bereiche durch Stellung der richtigen Fragen in Bezug auf Menschen, Ressourcen, Projekt und Software aufgespürt werden. In Kapitel 3.2 wurden hier einige beispielhafte Fragen genannt. Insbesondere die Unternehmensleitung unterstützte das Einführungsprojekt und zeigte sogar persönliche Präsenz während der Termine. Auch wurde die Leitung der Ingenieure mit einbezogen. Ein wichtiger Erfolgsfaktor war hier auf strategischer Ebene durch die Unternehmensleitung die Handlungsfelder festzulegen: Wettbewerbsvorteile durch die Einführung des Wissensmanagement-Software zu generieren. Durch die frühe Einbeziehung der betroffenen Bereiche wurde schon in einem frühen Stadium der Anforderungsanalyse die Bereitschaft zur Nutzung der Software operativ geschaffen. Ein weitere wichtiger Erfolgsfaktor ist hier für den Autor: Die Befähigung der Mitarbeiter mit der Software umzugehen. Training und QA-Session und perspektivisch Workshop Haus am See waren in ein gesamtes Konzept eingefasst.

Ein letzter und dritter Erfolgsfaktor ist: Die administrativen Tätigkeiten zum Projekt. Insbesondere die interne Koordination der Abteilungen und die Mitwirkung der Inhouse-IT.

---

[40] Vgl. Klinkhammer, et al. 2015, S. 157
[41] Vgl. Klinkhammer, et al. 2015, S. 277

Es ist noch denkbar, detaillierter auf die Vertragsbeziehungen mit dem Dienstleister ein-zugehen. Insbesondere Sicherheitsstufen und Datenschutz. Leider ist dies im Rahmen der kurzen Arbeit nicht möglich gewesen. Auch fehlt es an Branchenwissen zu Maschi-nenbaufirmen. Hier wäre ein Interview mit einem Ingenieur wünschenswert gewesen, um die Praxis noch besser durchleuchten zu können.

Als Ausblick ist es auf technischer Ebene denkbar, die CAD-Objekte über eine API Schnittstelle direkt in die Wissensmanagement-Software synchronisieren zulassen. Neben allen strategischen, operativen und administrativen Gesichtspunkten im Unter-nehmen möchte der Autor hier abschließend persönlich betonen, dass Wettbewerbsfä-higkeit und auch Innovationen nur gelingen können, wenn ein Team zusammensteht. Die verschiedenen Teams das Unternehmen bilden und allen die Unternehmenswerte und Vision nicht nur bekannt sind, sondern auch gelebt werden. [42]

.

---

[42] Vgl. Klinkhammer, et al. 2015, S. 46

Literaturverzeichnis

Bayer, Franz: Prozessmanagement für Experten Impulse für aktuelle und wiederkehrende Themen, hrsg. Kühn, Harald, E-Book, Berlin, Heidelberg, 2013, S. 263

Bundesverwaltungsamt Kompetenzzentrum Prozessmanagement: Leitfaden zur Erstellung einer Prozesslandkarte im Bundesministerium des Innern und seinen nachgeordneten Behörden, E-Book, Version 1.0, Köln, 2014, S. 4+8.

Baums, Ansgar und Schlössler, Martin: Kompendium Industrie 4.0 Wie digitale Plattformen die Wirtschaft verändern – und wie die Politik gestalten kann, hrsg. Scott, Ben, Whitepaper digitale Standortpolitik Band II, erste Auflage, Berlin, 2015, S. 15+16

CN Group CZ, abgerufen am 23.11.2022 vom https://www.cngroup.dk/maschinenbau-der-gegenwart?gclid=Cj0KCQiAj4ecBhD3ARIsAM4Q_jGQGD2MxtTBPZobpCHApsqYKoQDBAyBHuN6YBu-0Irxw9n97QDUSpUaAtosEALw_wcB.

Fehling, Christoph und Kollmann, Tobias und Lacke, Richard und Leymann, Frank und Siepermann, Markus: Kompakt-Lexikon Wirtschafts-Informatik 1.500 Begriffe nachschlagen, verstehen, anwenden, hrsg Springer Fachmedien Wiesbaden, 2013, S. 14+71

Goldmann, Christine, und Woll, Ralf: Trends und Entwicklungstendenzen im Qualitätsmanagement Bericht zur GQW-Jahrestagung 2021 in Cottbus E-Book, Wiesbaden, 2022, S. 140

Hoenow, Gerhard, und Meißner, Thomas: Entwerfen und Gestalten im Maschinenbau Bauteile - Baugruppen - Maschinen, 4., neu bearbeitete Auflage, Regensburg, 2016, S. 12+30

Klinkhammer, Margret und Hütter, Franz und Stoess, Dirk und Wüst, Lothar: Change happens, Freiburg, 2015 S. 46+148+150+157+221+277

Kohl, Holger und Mertins, Kai und Seidel, Holger: Wissensmanagement im Mittelstand Grundlagen – Lösungen – Praxisbeispiele, E-Book, 2. vollständig überarbeitete und ergänzte Auflage, Berlin, Heidelberg, 2016, S. 66+87+142+349

Kollmann, Tobias: Handbuch Digitale Wirtschaft, E-Book, Wiesbaden, 2020 S. 919.

Lempert, Sebastian: IoT-Software- Plattformen Methode zur Bewertung und Auswahl der am besten geeigneten Plattform, E-Book, Wiesbaden, 2020, S. 126

Lenz, Richard: Konzeptionelle Modellierung Skript zur Veranstaltung, hrsg. Friedrich-Alexander-Universität Erlangen, 2016/2017, S. 1+2+3

Probst, Gilbert und Raub, Steffen und Romhardt, Kai: Wissen managen: Wie Unternehmen ihre wertvollste Ressource optimal nutzen, E-Book, 7. Auflage, Wiesbaden, 2013, S. 23.

Sauter, Werner, und Scholz, Christina: Kompetenzorientiertes Wissensmanagement Gesteigerte Performance mit dem Erfahrungswissen aller Mitarbeiter, E-Book, Wiesbaden, 2015, S. 5+7

Schmitt, Hartmut: TrUSD-Qualitätsmodell Version 2, E-Book o.O. , 2019, S. 14

Schwarz, Lothar und Neumann, Tim und Teich, Tobias: Geschäftsprozesse praxisorientiert modellieren Handbuch zur Reduzierung der Komplexität, E-Book, Berlin, 2018, S. 67+75.

Timinger, Holger: Modernes Projektmanagement, Weinheim, 2017,

S. 52+225+307+316+380+429.

Wohltmann, Hans-Werner und Lackes, Richard und Siepermann, Markus: Daten in: Gabler Wirtschaftslexikon vom 18.02.2019 Abgerufen am 27. 11 2022 von https://wirtschaftslexikon.gabler.de/definition/daten-30636/version-254213.

BEI GRIN MACHT SICH IHR WISSEN BEZAHLT

- Wir veröffentlichen Ihre Hausarbeit,
  Bachelor- und Masterarbeit

- Ihr eigenes eBook und Buch -
  weltweit in allen wichtigen Shops

- Verdienen Sie an jedem Verkauf

Jetzt bei www.GRIN.com hochladen und kostenlos publizieren